デジタル・ベーシックインカムで日本は無税国家になる！

Hideto Tomabechi
苫米地英人

「半減期通貨」
革命が実現する
誰もが豊かに
なれる未来

CYZO

まえがき

新型コロナウイルス感染症（ＣＯＶＩＤ－19）のパンデミックは、この原稿執筆時（２０２1年9月）現在でもいまだ猛威をふるい続けている。

ワクチン頼みだった世界各国の思惑は、変異ウイルス「デルタ株」の出現によって脆くも崩れた。

私は当初より「ｍＲＮＡワクチン」の危険性（短期的な副反応のみならず、人体への長期的な影響も含め）について警鐘を鳴らしてきたが、デルタ株でワクチンの効果が減退する一方、ワクチンの副反応によると見られる死者や重度の後遺症を発症する人の数は増え続けている。

２０２０（令和2）年、新型コロナ・パンデミックを受け、政府は緊急事態宣言を発し、人の動きをできる限り少なくすることを訴えた。

しかし、感染者数の減少を見るや、「経済を動かす」という理由で緊急事態宣言を解除し、

「ＧｏＴｏキャンペーン」などという「人の動きを大幅に増やす」政策を開始した。

その結果、政府関係者や利害関係者以外の誰もが予想したように、感染者数は激増した。

そして、政府は再度、緊急事態宣言を発し、人の動きを止めることになる。

人の動きが止まれば、感染者数は減少する。

すると、政府はまた「経済を動かす」と言って、緊急事態宣言を解除した。

感染者数は増加に転じ、医療体制、保健所による感染者の管理体制に限界が見え始めることになった。

政府はあわてて、またもや（地域限定で）緊急事態宣言を発することになるのだが、この頃には、国民の我慢も限界に近づいていた。

「若者は重症化しない」との先入観もあり、もはや人の流れは減らなくなった。

「経済を回す」ことを理由に人の動きを増やし、結果的にかえって経済が回らなくなるという愚策を繰り返す政府に、特に飲食店などからは「もう耐えられない」といった悲鳴が聞こえるようになり、生活のために自粛要請に応じずに営業する店も増えていった。

ここにいくつかのマイナス要因が重なることになる。

その一つが、先ほども述べた変異ウイルス「デルタ株」の出現である。

もともと水際対策の緩かった日本は、やすやすとデルタ株の流入を許した。

デルタ株はワクチンの効果を減退させるほど強力な感染力を持っており、これまでのウイルスの数倍の感染力で、感染者数を拡大させていった。

同じタイミングで、さらなるマイナス要因が加わる。

東京オリンピック・パラリンピックの開催である。

もちろん、アスリートたちにとっては4年に一回のとても大事な大会である。

しかも、一年延期されたという経緯がある。

だが、最悪のタイミングで行われてしまったように思う。

オリンピック・パラリンピック関係者は「開催による感染拡大はなかった」と強弁するが、それは直接的な影響だけの話である。

国民の心理として「オリンピック・パラリンピックが開催されて、世界中からあれだけの人が集まっているのだから、私たちが多少、動きを活発化させたって大丈夫」と思うようになるのも当然だ。

また、オリンピックのために来日した選手団にデルタ株感染者がいたこともわかり、さらに、オリンピック関係者がバブルを出て観光や買い物をしていたことも明らかになった。「R０（基本再生産数：一人の感染者が何人に感染させるかの指数）＝８」の感染力で空気感染まで指摘されているデルタ株の感染拡大そのものが、オリンピックのせいだった可能性さえある。

かくして、東京オリンピックが始まるタイミングで感染者数は激増する。

それにつれて、重症者数も増え、医療現場は大混乱となった。

救急車を呼んでも入院先が見つからずに自宅療養となり、保健所のマンパワーの限界もあり、連絡が取れずに自宅で死亡する人が相次いだ。

断定的なことは言えないが、医療体制が通常の状態であったなら、おそらく助けられた命も多くあったに違いない。

そして、パラリンピックも終了し、感染者数自体は少しずつ減少に転じているが、医療体制はいまだ逼迫したままであり、緊急事態宣言も20以上の都道府県に発令されているというのが、この原稿執筆時現在の状況である。

そのような状況で、多くの国民が経済的に苦しんでいる。

特に派遣労働者のような非正規雇用の人たちの多くが契約解除や自宅待機などとなり、収入が途絶えたり、激減したりしている。

「ギグワーカー」などという言葉もあるが、ウーバーイーツのような収入の低い配達業で体力を切り売りしながら、生活費をなんとか捻出しているという人も少なくない。

体力のある人はまだマシと言えるかもしれない。

高齢者や体の弱い人など、社会的弱者から仕事が奪われているのだ。

人の動きが減らなかったとはいえ、緊急事態宣言によって、あるいは自主的に感染予防のために自粛することにより、多くの人が新型コロナ・パンデミック以前とは異なる生活を余儀なくされている。

当然、経済活動も縮小している。

実体経済での使い道が減っているからだと思うが、株価だけは高騰しているが（原稿執筆時現在）、そのお金は私たち一般生活者には回ってこない。

経済活動の縮小は、企業にも大きな影響を与え、売り上げが激減する企業が増えている。大企業はまだしばらくは耐えられるだろうが、中小企業の中には限界に近いところ、あるいはすでに限界を超えて、倒産・廃業に追い込まれたところも少なくない。

当然、従業員は（正規社員であっても）失業や減給となり、苦しい生活を強いられることになる。


民間経済が苦境に喘いでいるときに、そこに救いの手を差し伸べられる唯一の存在は政府だけだ。

では、政府はどんな政策を行ったのだろうか。

２０２０年、安倍政権は国民一人あたり10万円の「特別定額給付金」を配った。

これは評価に値する政策だろう。

しかし、その後は事実上、何も行っていないに等しい。

条件付きの補助金や低利もしくは無利子の融資はあったが、支給条件が厳しい上に、一時的な補助金では長く経営を維持できない企業・事業者も多い。

融資に至っては、経営が改善しない中で借金だけが増えるという最悪の状況を生むことになっている。

国民から見ると、感染症対策も中途半端、経済支援も中途半端で、事実、どちらも悪化の一途を辿っている。

しかも、２０２０年度予算は数十兆円にも上る積み残し（未執行予算）があるという。

政府は、追加で国民を助けるどころか、用意したお金まで出し渋っているというのだ。

挙句の果ては、菅義偉総理大臣が自民党総裁選に出馬しない、つまり政権から降りるという。

医療逼迫と経済低迷の中、国民は放ったらかしにされてしまった。

私は、国民の生活を助け、より豊かにすることこそが政府の役割だと思っている。

そして、政府にはそれを実行する方法も能力もある。

本書ではその方法とやり方について、細かく解説している。

新政権には、ぜひ本書を参考にしていただき、国民が本当の意味で助かる政策、豊かな生活を送れる政策を行ってほしいと願っている。

読者の皆様には、本書の内容をご理解いただき、地元の政治家や政治家の支援者の方々などに助言していただきたい。

それによって日本はもっともっといい方向に向かい、みんなが暮らしやすい国になると思う。

本書が、人々の暮らしを変え、経済困窮者をなくし、飢えや貧困がなくなる世界の実現に寄与することを願っている。

2021年9月

苫米地英人

目次

まえがき

第1章　ベーシックインカムで国民を救え

2020年からのコロナ禍で起こったこと　14
コロナ禍の特別定額給付金　18
浮上する「ベーシックインカム」待望論　20
ベーシックインカムは勤労意欲を減退させるのか？　30
「ベーシックインカム導入で人は働かなくなる」は根本的に間違い　34
財源はどうするのか？　36
財源はどこにある？　41

マネタリーベースと現金　47
ＱＥを財源に　50

第２章　消費を促す「デジタル半減期通貨」

半減期通貨で消費は活性化する　54
半減期通貨というアイデアは昔からあった　57
苫米地式「半減期通貨」のしくみ　64
減ったお金はどこへ行くのか？　69
ダイアスポラの通貨　74

第３章　無税国家・日本への道

半減期通貨が無税国家を実現する　80

想定される懸念への反論　82
「無税国家」は「財政ファイナンス」なのか?　87
ベーシックインカムと無税国家で経済大国日本が復活する　93

装丁・本文デザイン　篠　隆二（シノ・デザイン・オフィス）
編集協力　木村俊太

第1章

ベーシックインカムで国民を救え

2020年からのコロナ禍で起こったこと

2020年、世界は新型コロナウイルス感染症（COVID-19）のパンデミックによって、大混乱に陥った。

この原稿執筆時現在（2021年9月現在）も増減はあるものの、その猛威が収束する様子は残念ながら見られない。

むしろ、「まえがき」にも書いたとおり、変異株の出現等によって、感染の再拡大が懸念される事態となっている。

この事態に対し、政府は「緊急事態宣言」や「まん延防止等重点措置」の発令で、特に酒類を提供する飲食店に対する休業要請などを行っている。

「ステイホーム」が叫ばれた2020年前半に比べれば人々の行動もかなり活発にはなっているが、繰り返される発令や感染防止協力金の支払いが遅れていることなどにより、多くの企業、事業者が少なからぬ経済的ダメージを受けている。

経済的な影響は、当然ながら、経済的弱者に真っ先に降りかかってくる。

非正規労働者や派遣労働者、パートタイム労働者らの失業が増え、多くの人が生活苦に陥っている。

こうした人たちは、もともと経済基盤が不安定だったこともあり、十分な貯蓄がないケースがほとんどだ。

失業が即、生活苦に直結する。

図1と図2を見てほしい。

やはり、2020年初頭から就業者数、就業率が大幅に下落している。

2021年は回復しているようにも見えるが、これは「前年比」なのでそう見える

図1　就業者数の対前年同月増減と就業率の対前年同月ポイント差の推移

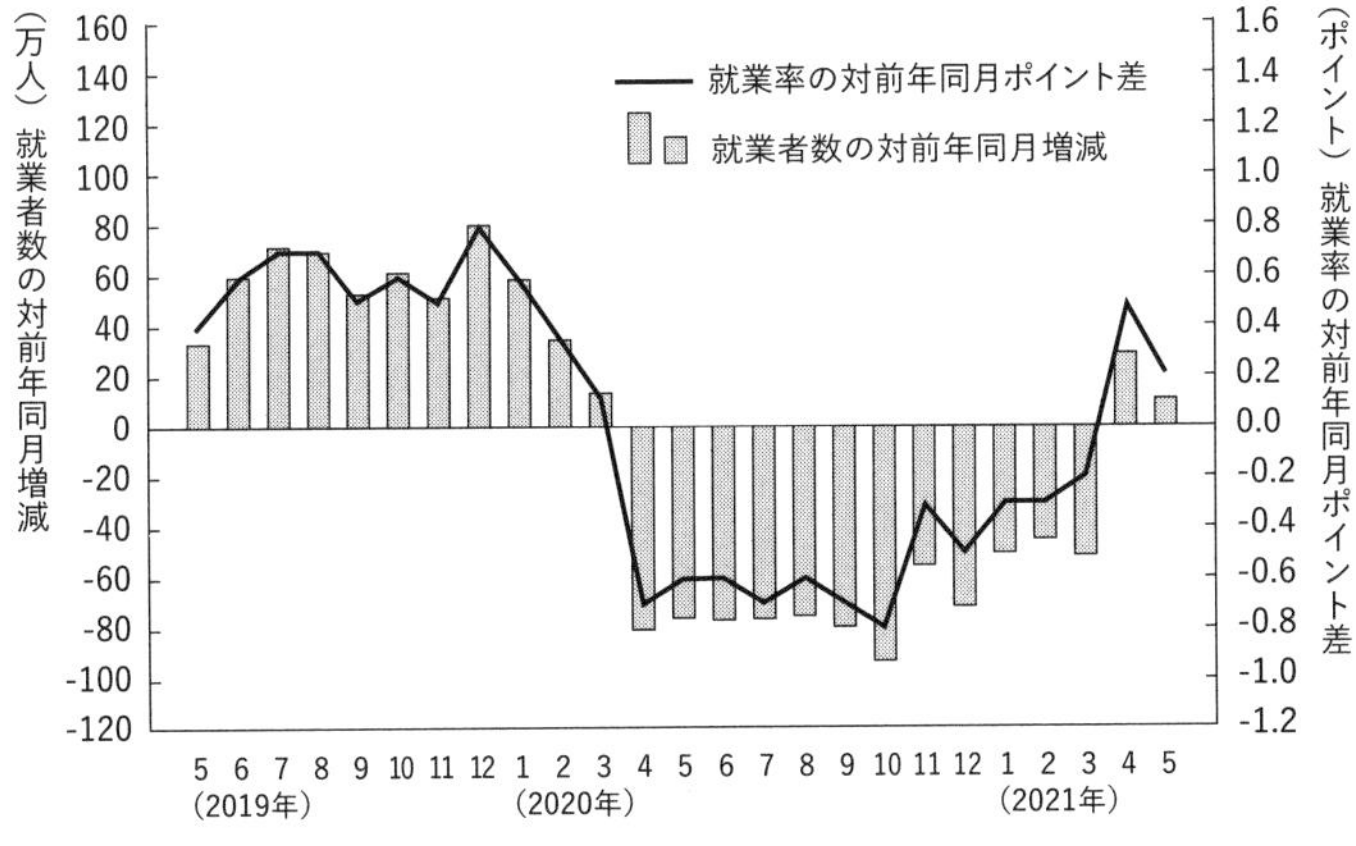

総務省統計局「労働力調査（基本集計）2021（令和3）年5月分」より

にすぎない。

２０２０年の大幅な落ち込みと比べれば多少はよくなっているが、その前の２０１９年水準と比べれば、大幅な落ち込みのままであることに変わりはないのだ。

図２の完全失業率を見ると、なお一層、よくわかる。

政府が最初の緊急事態宣言を出した２０２０年４月以降、完全失業率が急激に高まり、２０２１年には回復傾向が見られたものの、３月を底として、再度、高まりを見せている。

さらに深刻なのは、２０２０年の自殺者

図2　完全失業者数の対前年同月増減と完全失業率(季節調整値)の推移

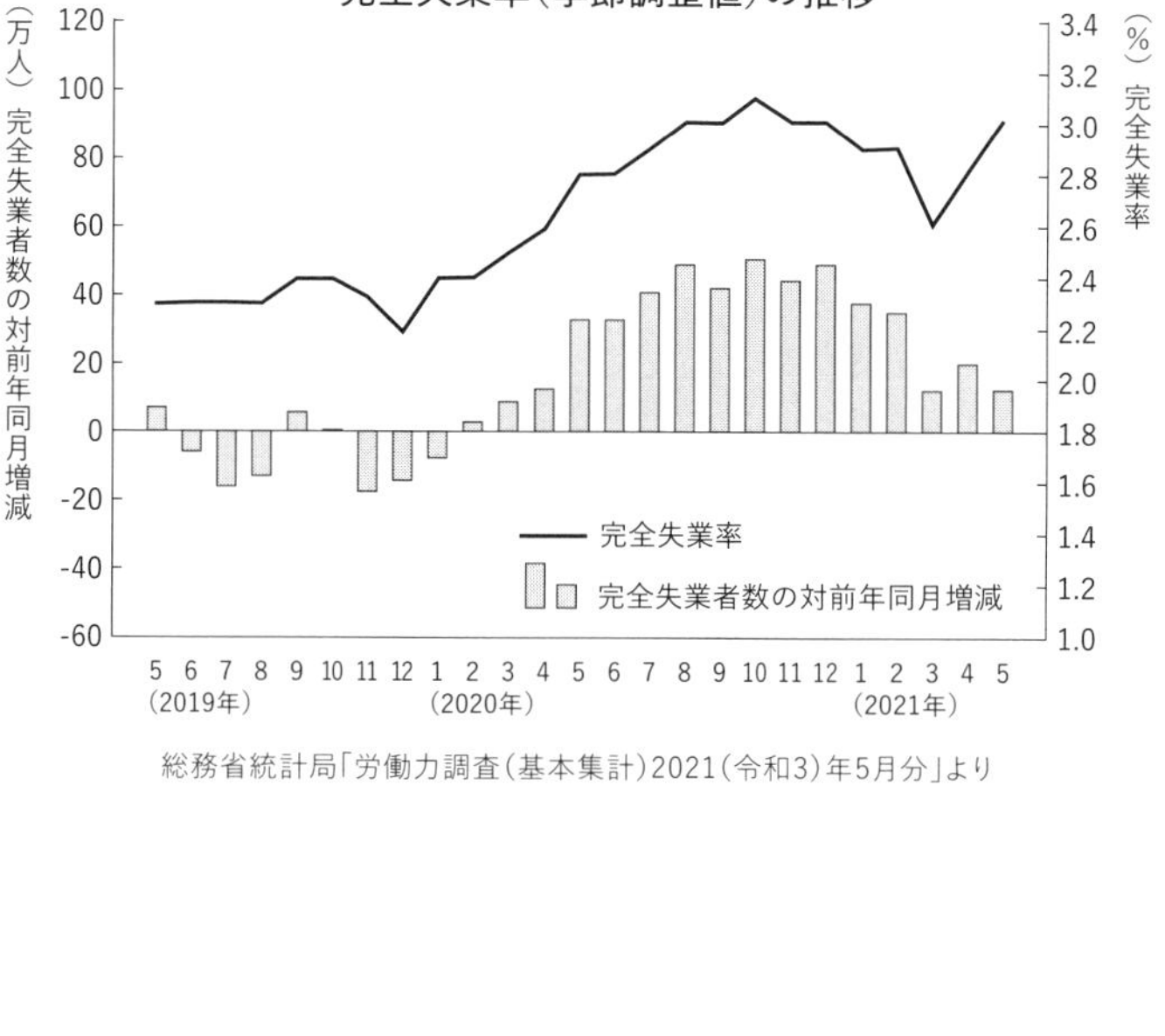

総務省統計局「労働力調査(基本集計)2021(令和3)年5月分」より

数である（図3）。

日本の自殺者数はリーマンショック後の2009年に増えたが、その後は10年連続で減少していた。

ところが、2020年は11年ぶりに前年を上回ったのだ。

実は男性の自殺者数は減少したのだが、女性の自殺者数が大幅に増えたため、全体として増加に転じることになった。

これらのすべてが経済的な理由だったと言うわけではないが、女性の非正規雇用の割合が高いことを考えれば、コロナ禍による経済的困窮がなければ失われなかったはずの命が多数あったことは間違いない。

図3 自殺者数の年次推移

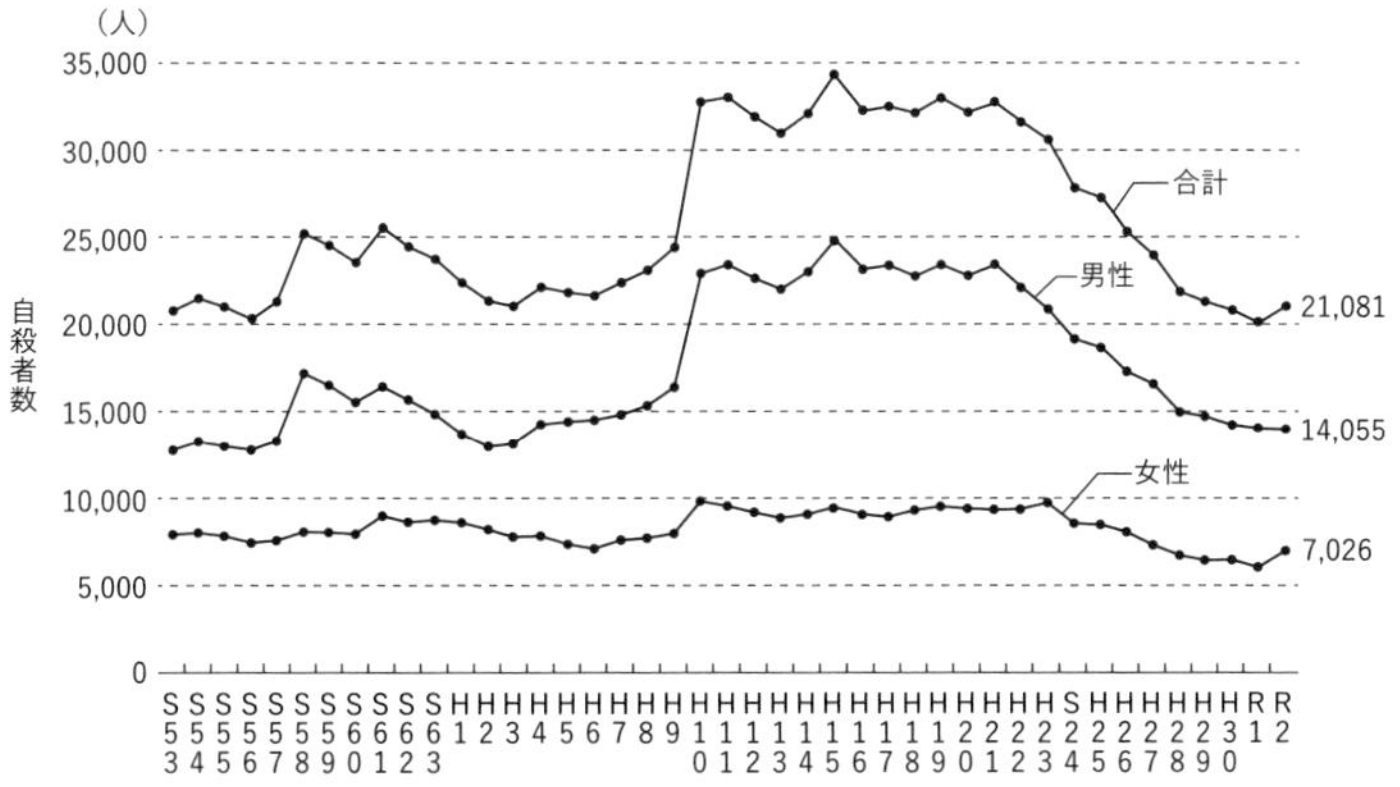

厚生労働省自殺対策推進室・警察庁生活安全局生活安全企画課
「令和2年中における自殺の状況」より

コロナ禍の特別定額給付金

政府もコロナ禍での経済的悪化に対して、無策であったわけではない。企業に対しては、従業員を雇い続けるための助成金「雇用調整助成金」の支給を決めたし、さらに個人に対しては、全国民を対象として一人10万円を一律に給付する「特別定額給付金」を支給した。

しかし、その後の失業率、自殺者数の悪化を見る限り、この政府支出で十分だったとは言い難い。

特に個人に対しては、「融資」「（税金などの）支払い猶予」といった施策はあったが、「免除」や「減税」のような、根本的に国民を助ける政策は実現されなかったと言える。

10万円の「特別定額給付金」は国民の生活を助けるという意味合いに加えて、冷え込んでしまった国の消費経済全体への好影響という効果も狙っていたはずだ。

つまり、この10万円が支給されたらすぐに多くの人が「消費」として使用することで、

10万円が10万円以上の効果を発揮するはずだった（乗数効果）。

ところが、あまり収入が減っていない層にとっては、10万円をもらっても特に使い道もないため、貯蓄に回したという人も少なくなかった。

消費に使われず、貯蓄に回ってしまうと、基本的には経済への影響は表れない。

また、ちょうど自動車税の納入期限と時期が重なったため、税金の支払いに使って終わったという声も聞こえた（もちろん、本来、自身の収入や貯蓄のうち、税金に回すはずだった分のお金を消費に使ったかもしれないが）。

政府は「経済を回す」などという言い方をよくするが、お金が消費に回らなければ経済は回らない（企業のお金の場合は、設備投資などの支出も経済を回すことに貢献する）。

問題は2つある。

そもそも10万円を一回だけ支給するのでは、収入が減ってしまった人たちには足りなかったという問題と、収入が減らずに貯蓄に回した層が、そのお金を消費に使って別の誰かの収入アップに貢献していれば、それによって助けられた人もいたはずだという問題である。

浮上する「ベーシックインカム」待望論

まずは「そもそも支給すべきお金が足りなかった」という問題について考えてみる。

10万円で足りなかったとすれば、いくらなら足りたのか。

私は、いくらに設定しても、一回だけの支給であれば、コロナ禍が長引く限り、いずれ足りなくなると考える。

つまり、解決策となるのは「給付金の定期的な支給」である。

これは「ベーシックインカム」などと呼ばれるものだ。

コロナ禍を経て、いろいろな人が言い始めている言葉なので、その意味を詳しくは知らないという人でも、おそらくどこかで聞いたことはあるのではないだろうか。

ここで、ベーシックインカムについて簡単に説明しておこう。

ベーシックインカムとは、いま述べたように、政府が国民全員に対して定期的に（例えば、毎月）一定額（例えば、10万円）を無条件で支給すること、あるいはその制度のことである。

最大のポイントは、いまある一般的な補助金や生活保護、雇用手当（失業手当）などと違い、所得額の大小や雇用の有無といった条件にかかわらず（所得の多い人も少ない人も、仕事のある人もない人も）、全員、同じ額が定期的に（基本は毎月、場合によっては毎週などでもいい）給付されるという点だ。

また、給付の対象は個人であり、世帯ではない（２０２０年の特別定額給付金のように、実際の振込そのものは世帯になるかもしれないが）。

仮に、国民全員が毎月10万円もらえたとしたら、生活苦を理由に自ら命を絶つ人の数は、おそらく大幅に減るに違いない。

何があっても政府から毎月、お金がもらえるとしたら、あなたはどう思うだろうか。

多くの人は「ありがたい話だ」と感じるに違いない。

また、ＡＩの発達とロボットの普及によって、今後は必ずしも成人すべてが働く必要のない時代になっていくと言われている。

アメリカのシンクタンク「ブルッキングス・インスティチューション」が２０１９年に発表した研究によると、アメリカにおいて、いまある職業の４分の１は、近い将来、自動化が可能になるという。

「働かないでお金がもらえるなんて」と思うのは古い時代の人の発想で、ＡＩ時代にはむしろ、働かない（ＡＩに働いてもらう）のが当たり前になる可能性が高い。

よく「近い将来、ＡＩに仕事が奪われる」などと言われるが、これは「近い将来、ＡＩのおかげで仕事をしなくてもよくなる」という意味でもある。

そうした時代には、ベーシックインカムが必要不可欠になってくるかもしれない。

つまり、ＡＩ時代には、人はベーシックインカムなしには生きられなくなる可能性すらある。

今回のコロナ禍によって、いま世界中でベーシックインカムの重要性が再認識されている。

特にEUでは急速にその導入が検討されており、ドイツでは月額1200ユーロ（約15万円）を3年間支給するという社会実験を開始している。

この社会実験はドイツ国民全員に行われているわけではなく、120人に対して支給が行われ、支給を受けていない1380人の人たちとの比較分析を行うというものだ。

ちなみに、月額1200ユーロを3年間支給する120人を募集したところ、約200万人の応募があったという。

「働かずにお金がもらえる」という、もらう側のメリットだけでなく、社会的なメリットについてももう少し深く考えてみよう。

いま日本においてベーシックインカムを導入するメリットとして考えられるものを、5つほど列挙してみる。

まずは「コロナ禍により所得が減少した状況においては、『GoToキャンペーン』のような政策より、全国民にとって公平である」ということがある。

国民の支持を得るためには、「公平」であることはとても重要だ。

「ＧｏＴｏキャンペーン」などの政策は、例えば「ＧｏＴｏトラベル」であれば、旅行に行く人、あるいは旅行業・観光業に携わる人しか得をしない。

「ＧｏＴｏイート」であれば、外食をする人、あるいは飲食業に関わる人しか得をしない。

明日の生活もままならない人は、旅行になど行かないし、外食も極力、控えるはずだ。

そういう、明日の生活もままならない人たちにこそお金が渡るべきなのに、そこへ渡らないというのは問題だし、一部の人にしかお金が行かないのは「公平」ではない。

さらに、この原稿執筆時、新型コロナの感染者数が急増し、「第５波」などと言われているが、「ＧｏＴｏキャンペーン」のような人の流れを加速するような政策は、しばらくは行いづらい状況が続くと思われる。

ベーシックインカムであれば、人の流れを直接的に増やすことはないので、「ＧｏＴｏキャンペーン」などと比べて、コロナ感染拡大のリスクは低い。

２つ目は「最低限の所得を得るために、嫌な仕事、ブラックな仕事をしなくてよくなる」

という大きなメリットがある。

ブラック企業の問題が語られて久しいが、この問題がいつまでもなくならないのは、従業員が生活維持のためにブラックな会社で働き続けざるを得ない(辞められない)からだ。

本当は辞めたいが、辞めてしまったら生活ができない。

だから、ブラック企業だとわかっていても辞められないし、従業員が生活のために辞められないと会社もわかっているから、ブラックな業務を従業員に強いることになる。

ベーシックインカムが導入され、会社を辞めても、当面は最低限の生活だけは維持できるとしたら、ブラック企業に勤め続ける理由はなくなるし、そうなれば企業側もブラックな業務を従業員にさせづらくなるはずだ(従業員がどんどん辞めてしまうから)。

ブラック企業での過酷な労働による自殺者も多い中、その減少も見込まれる。

このメリットは、社会的にかなり大きなものと言えるのではないだろうか。

3つ目は「起業など、リスクのある仕事がしやすくなること」だ。

これには「学問や芸術、基礎研究などに専念しやすくなる」という意味も含まれる。

日本はいま、国の極端な緊縮財政によって、リスクのある仕事、学問、芸術、基礎研究のための予算が、以前、あるいは他国と比べて著しく削られてしまっている。

新型コロナのワクチン開発や特効薬の開発で後れを取っている理由の一つと言ってもいい。

ベーシックインカムの導入によって、大学などに所属する研究者が研究に専念しやすい環境が生まれることだろう。

現在、「ポスドク」問題、つまり博士号を取ったあとに仕事がない人が溢れているという問題が指摘されているが、ベーシックインカムが導入されれば、博士号取得後も多くの人が研究を続けられるようになるに違いない。

また、日本は「失敗の許されない社会」などと言われている。

とにかく、少ないチャンスで結果を出さないと、次がないということだ。

ビジネスにおいてリスクはつきものだが、失敗の許されない社会では、リスクを取ってチャレンジすることができなくなる。

それでは、ベンチャー・スピリットなど育ちようがないし、起業後もなるべくリスクを回避しようとするので、結果も小さなものしか得られなくなる。

ベーシックインカムがあれば、仮に失敗しても最低限の生活は保障されるので、思い切ったチャレンジが可能になるし、失敗したあとも再チャレンジの意欲が損なわれない。

さらに、そもそもビジネスとは違う「芸術」の世界での活動がやりやすくなるということがある。

芸術活動は本来、ビジネスとの親和性が低い。

「儲け」を第一としていないのだ。

しかし、現状では芸術活動に従事する人も、その活動によって生活の糧を得なければならなくなっている。

これでは、本当の意味での芸術は育たないし、生活のために芸術を諦める人も少なくない。

これは、日本の文化において、大きな損失と言える。

一時期（現在も）「クールジャパン」などと言って、日本のコンテンツ産業を世界に発信しようという動きがあった。

それ自体は悪くないが、目的が「ビジネス」では、せっかくのいいものも広がりに制限がかかってしまう。

日本の芸術が発展し、さらに世界へと発信されていくために、芸術に携わる人たちが制約のない自由な発想で取り組めるようにする必要があろう。

ベーシックインカムの導入は、そのための大いなる手助けになるはずだ。


4つ目は「生活保護などよりも実効性が高い」ということだ。

ベーシックインカム導入に反対する人の中には「もうすでに生活保護などのセーフティネットがあるのだから必要ない」と主張する人がいる。

しかし、生活保護の受給率は非常に低いことが知られている。

生活保護は受給に負い目を感じる人が多く、必要とされる人の約3割しか受け取っていないという調査報告がある。

これでは、セーフティネットが機能しているとは言えない。

ベーシックインカムであれば、全員がもらえるものなので負い目を感じる必要はないし、そもそも自動的に支給されるので、受け取るか受け取らないかという選択肢すらない。

全員が公平に受け取っているものなので、「生活保護をもらっていながら、働かずに遊んでばかりいる」などという、もらっていない人からのおかしな中傷も出てこない。

救われるべき人がきちんと救われる政策だと言えるだろう。


5つ目は「働くことの意味が変わる」ということだ。

先ほども述べたように、そもそも生活の糧を得るために働くということ自体が、時代遅れになる。

ＡＩ時代には、所得のために働くことは時代遅れになるのである。

人々は生活のための所得を稼ぐために働くのではなく、自分のやりたいことのため、あるいは社会に役立つことをするために働くようになるということだ。

これからのＡＩ社会では多くの労働が自動化されるので、所得を稼ぐとか、生活の糧を得るとか、あるいは食糧生産のための労働なども、ほとんどすべてＡＩとロボットがやってくれるようになる。

人間の労働は、生活の糧を得るためではなく、自己実現や社会貢献のためのものになるのだ。

「うかうかしていると、AIに仕事を奪われる」とか「AI時代にも生き残れるスキルを身につけよう」などと言われるが、この発想自体がAI時代前の常識に縛られたものだと気付くべきだ。

こうした流れを、ベーシックインカムが後押しすることになるだろう。

このように、多くのメリットがあるベーシックインカムなのだが、反対論や不安に思う声も聞こえてくる。

次に、そうした反対論や不安の声を紹介し、それらへの反論を試みたい。

ベーシックインカムは勤労意欲を減退させるのか?

いま述べたように、多くのメリットがあるベーシックインカムに対して、反対論も根強く存在する。

その筆頭格と言えるのが「勤労意欲の減退」というものだ。

つまり「働かなくても政府がお金をくれるのなら、わざわざ働く必要がない」と考える人が増え、これまで生産されていたモノ（財）やサービスの生産力が低下し、その結果、国の経済全体に悪影響が出るだろうというものだ。

はたして本当にベーシックインカムは勤労意欲を減退させるのだろうか。

実は、先ほど述べたドイツでの社会実験以前に、アメリカのカリフォルニア州で２０１９年に、フィンランドではさらにさかのぼって２０１７年にベーシックインカムに関する社会実験が行われている。

アメリカのカリフォルニア州での社会実験は、２０１９年2月から1年間、無作為で抽出した１２５人に対して、月額５００ドルを支給し、彼らの行動についての調査を行ったというものだ。

その結果を見ると、ベーシックインカムを支給されたグループは、フルタイムの雇用者が12％増加していた。

支給しなかったグループの増加率は５％だったので、勤労意欲が減退するどころか、明らかに増加している。

さらに、ベーシックインカム反対論でよく言われるものに「働かずに、酒やたばこ、賭博などに使われてしまうのではないか」というものだ。

日本ではよく「生活保護費でパチンコばかりやっている」などという批判がなされるが、それと同様と考えていいだろう。

しかし、このアメリカのカリフォルニア州での社会実験で、ベーシックインカムで増えた収入を何に使ったかを調査した結果、酒やたばこへの支出（賭博は調査していない）は支給額の１％未満だった。

もちろん、「調査されている」とわかっているので、「酒やたばこに支出すると答えるのは恥ずかしい」という意識が働いたのかもしれない。

そうしたバイアスを鑑みたとしても、「１％未満」という結果から考えると、「酒やたばこや賭博にばかり支出するだろう」という予測は当たらないと言える。

フィンランドの社会実験は、2017年から2年間、無作為に抽出した失業者2000人に対して、月額560ユーロを失業保険の代替として支給したというものだ。

失業保険の代替なので、純粋な意味でのベーシックインカムとは異なるかもしれないが、政府が毎月一定額を支給する（しかも2年間）という試みは、ベーシックインカム導入時の参考になるはずだ。

このときの結果は、支給されたグループのストレス低下、健康問題改善、集中力改善の傾向が見られたとの報告がある一方、雇用の変化については、不支給のグループと特に違いは見られなかった。

つまり、この2つの社会実験からは、ベーシックインカムが勤労意欲を減退させるというデータはなかった（ベーシックインカムが勤労意欲を減退させるとは言えない）ということがわかる。

従来から言われている「ベーシックインカムを導入したら、世の中が働かない人だらけになる」といった主張は、少なくとも2つの社会実験からは「成り立たない」と言っていい。

「ベーシックインカム導入で人は働かなくなる」は根本的に間違い

そもそも「ベーシックインカムを導入したら、世の中が働かない人だらけになる」という主張は、その考え方そのものが根本的に間違っている。

すでに述べたとおり、AI時代には多くの仕事をAIが代替するようになる。人間にとって仕事は生活の糧を得るためのものではなくなっていく可能性が高いのだ。AI時代であるか否かにかかわらず、職業というのは本来、社会に提供する機能のことであって、個人個人の収入源のことではない。

私が指導しているコーチングのコーチたちは、職業としてさまざまな人や組織にコーチングを行っているが、彼らの多くは「収入源」としてコーチングを行っているわけではない。

コーチングによって自身が社会における機能・役割を担うという目的で行っている。

その証拠に、たとえ赤字になってもやり続けている人が少なくない。

「収入源」であれば、これでは成り立たないので、すぐに別の職業に変えた方がいいということになるが、彼らはそうしない。

「職業とは自分が社会に提供する機能である」ときちんと認識しているからだ。


もちろん、生活のためにはその糧が必要だ。

彼らは、別の方法で（彼らの認識では「職業」ではない方法で）得ている。

これは彼らには、多かれ少なかれ、負担となっているはずだ。

ベーシックインカムが導入されれば、この負担が取り除かれ、「職業（自分が社会に提供する機能）」にいままで以上に集中することができるようになる。


これはコーチングをしている彼らに限ったことではなく、一般論として言えることだ。

ベーシックインカムによって生活の糧が（ある程度）保障されれば、多くの人がより社会機能の高い職業を行うことができるようになる。

当然ながら、収入確保、資産形成をしてはいけないという意味ではない。

ただ、「それだけではない」ということだ。

人生のゴールは複数あって、それらのバランスが取れていればいい。

収入確保、資産形成は「ファイナンス」というゴールであり、社会の機能としての「職業」とは別のゴールである。

財源はどうするのか？

ただし、このベーシックインカムを国の制度として正式に導入している国は、まだない。

期間限定とか、低所得者限定でお金やクーポン券等を支給することはあるが、国民全員に、無条件に定期的にお金を配っている国はない。

なぜ多くの国民に喜ばれそうな政策が、実現していないのか。

それにはいくつかの複合的な理由が考えられる。

まず真っ先に思いつく理由は「財源」だ。

国民全員に毎月10万円を支給すると仮定すると、日本の人口はおよそ1億２５００万人なので、毎月12兆５０００億円の予算が必要になる。

年間では、１５０兆円の予算が必要になってくる。

日本の国家予算は年間およそ１００兆円なので、その1・5倍の予算をベーシックインカムに使うということになる。

普通の感覚からすれば、さすがにそんなにお金を使うことはできないだろうということになる。

そもそも、日本は「国の借金でたいへんだ」などと言われているのに、そんなお金があるのかと思うのが普通だ。

ここで、ベーシックインカムのための財源の問題について考えてみよう。

よく言われるのは「『社会保障費』をベーシックインカムの財源にする」というものだ。

ベーシックインカムは社会保障にカテゴライズされ得るので、「社会保障費を財源にする」という考え方は、一見、理にかなっているようにも見える。

しかし、この考え方を主張する人たちの論理は、現在の社会保障費に上乗せして予算を組むというものではなく、すでに予算として充てられている社会保障費から支出するというものだ。

例えば、2017年に「希望の党」（当時）が出したベーシックインカムの案は、月額5万円を給付し、その財源には医療費を除く社会保障費を充てるというものだった。

この案では、年間75兆円の予算が必要になり、その財源のほとんどが国の予算ではなく、保険料（年金保険料、健康保険料等）で徴収されたものを充てるとしていた。

これを財源に充てるということは、これまで保険料を支払ってきた人の掛け金を使って、全国民に配るという意味になる。

これはさすがに、掛け金を多く支払ってきた人の同意が得られないのではないだろうか。

すでに掛け金を支払った人たちからは「詐欺だ」と言われるだろうし、これから多く取られる人たちからも「詐欺だ」と言われるに違いない。

また、ベーシックインカム導入を主張する人の中には、「導入によって、社会保障費を抑制できる」という「緊縮財政論」の持ち主がいる。

ベーシックインカムを導入することによって、いわゆる「セーフティネット」と呼ばれるような社会保障（生活保護など）、あるいは国民皆保険のような健康保険や介護保険、失業保険（雇用保険）などをなくすことができると主張する人もいる。

２０２０年に、東洋大学の竹中平蔵教授が提案したベーシックインカムの案がまさにそれだ。

竹中案は、マイナンバーと紐付けてベーシックインカムを給付し、同時に年金と生活保護を廃止するというものだった。

しかし、当然、これではまったく意味がない。

まず、財源の問題で言うと、先ほどの試算のとおり、年間１５０兆円が必要になるが、これも「年金」廃止によって財源を確保するという話なので、これまで年金保険料を払ってきた人たちにとっては「詐欺だ」ということになってしまう。

金額についても、年金積立金管理運用独立行政法人（ＧＰＩＦ）の２０２０年12月末時点での運用資産額が177兆7030億円なので、年間150兆円のベーシックインカムの財源として、2年ももたないということになる。

これらの案では、用意した財源だけではまったく足りないので、国民に「ベーシックインカム税」や「ベーシックインカム年金」の支払いが課せられてしまうかもしれない。国民の側からすれば、ベーシックインカムで収入が増えても、いままで必要なかった大きな支出が発生してしまうことになる。

これでは、コロナ禍で収入が減って苦しんでいる人にとっては、まったく助けにならないし、むしろ、前よりも支出が増えるケースも頻発することだろう。

望まれるのは、社会保障支出抑制のためのベーシックインカムではなく、現状の社会保障（セーフティネットを含む）を維持したまま、それにプラスしてベーシックインカムが支給される形だろう。

そもそも「社会保障費を抑えるためにベーシックインカムを」と言っている人たちが考

えているのは「国には財源がない」という発想だ。

しかし、国には財源がある。

財源については、このあとしっかりと解説するが、財源はあるのだから、社会保障費を抑制する理由はまったくないのだ。

まずは多くの人が「政府には財源がない」という発想を乗り越え、「実は政府には（税収以外の）財源があるのだ」と気付くことが重要だ。

財源はどこにある？

では、ベーシックインカムの財源について考えていこう。

年金や健康保険の掛け金を財源にすることはフェアではないことは、すでに述べたとおりだ。

かといって、増税によって財源を確保するのでは、ベーシックインカムを必要とする層にとってかえって負担になり、本末転倒だ。

では、どうすればいいのか。

私が注目したいのは、第二次安倍政権以降に黒田東彦日銀総裁のもとで継続的に行われている「異次元の量的緩和政策」である。

中央銀行（日銀）による量的緩和政策は「ＱＥ（Quantitative Easing）」という。

ここで、ＱＥについて少し具体的に説明しておこう。


ＱＥとは中央銀行による量的緩和政策のことだと書いたが、具体的には銀行などが保有している国債などの債券を、中央銀行が市場で買い取ることを意味する（ＥＴＦ買いと称する、事実上の特定企業の株式購入も含まれるが、金額的には大半が国債）。

いわゆる「買いオペ」を大規模にやるということだ。

日本の中央銀行は日銀なので、日銀が国債などを大量に買い取ることがＱＥの基本だと言っていい。

日銀が国債を買い取る際に支払われるお金は、その国債を売った銀行などの口座に振り込まれるわけだが、その口座のことを「日銀当座預金」という。

日銀によるQEによって、銀行のもつ国債などが日銀に買われると、売った銀行の「日銀当座預金」の残高が増えるというわけだ。

ちなみに、日銀がQEを行う主な目的は「マネタリーベース」を増やすことだ。人によっては聞きなれない用語かもしれないが、特に難しい話ではない。「マネタリーベース」とは、先ほど述べた金融機関等の「日銀当座預金」の総残高と世の中に流通している貨幣（紙幣と硬貨、要するに現金）の合計のことだ。「日銀当座預金」の総残高に比べて、貨幣の流通量は微々たるものなので、金額としては大半が「日銀当座預金」の総残高だと思っていい。

これを増やすと、理屈上は、金融機関がより多額のお金を貸せるようになるので、たくさんお金が借りられて、世の中に流通するお金が増えて、景気がよくなるだろうと期待される。

それが目的で、黒田日銀はまさに異次元のQEを続けているのである。

もっとも、現実はなかなか思いどおりにはなっていない。

長引く不景気、デフレ状況のため、多くの企業が、借金をしてまで設備投資などをやろうとは思わず、銀行からの貸し出しが増えないのだ。

銀行には貸し出しのための余力はあるものの、借りる企業側に余力がないのだ。

実際、政府・日銀の思惑とは裏腹に、日本のGDP（消費・投資の合計）はほとんど伸びていない。

それはさておき、日本はどのくらいの金額のQEを行ってきたのだろうか。

図4は、日本のマネタリーベースの額の推移をグラフにしたものである。

図4　マネタリーベース額の推移

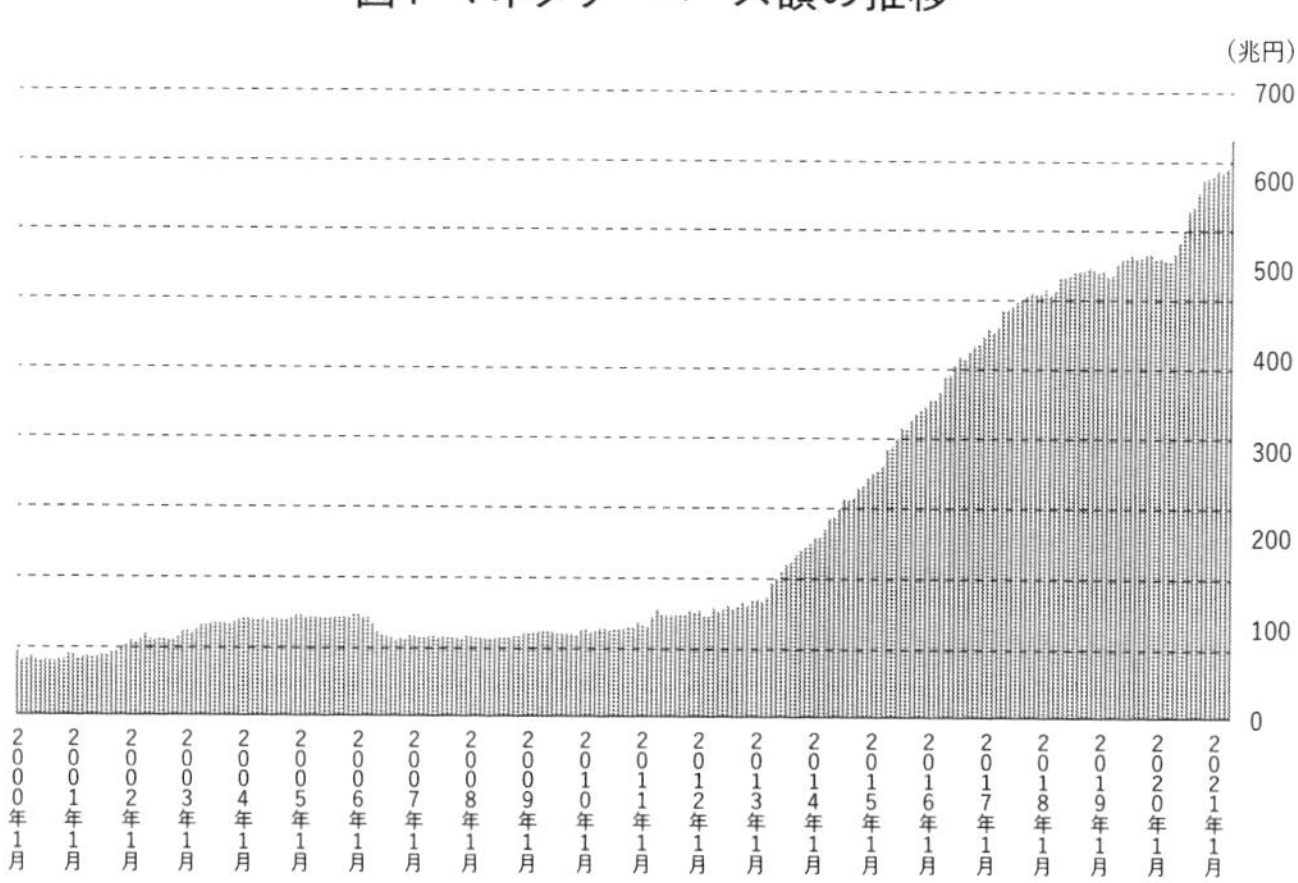

出典：日本銀行

先ほども述べたように、QEで買い取った国債などの支払いは「日銀当座預金」に振り込まれる。

これも述べたとおり、マネタリーベースの大半は「日銀当座預金」なので、「マネタリーベースの増加＝QEによる金融緩和」と捉えてよい。

図4を見ると、マネタリーベースが急激に増えている時期が、主に2つあることがわかる。

1つは、2013年以降、つまり第二次安倍政権発足で黒田日銀総裁が就任し、「異次元のQE」をやると宣言して以降だ。

そして、もう1つが2020年の春以降、つまりコロナ禍で苦しむ日本経済にQEというカンフル剤を打つべく、日銀がさらに追加でQEを行ったのだ。

ちなみに、2021年の春にもさらに急激に額を増やしている。

2021年春になっても収まる気配のないコロナ禍に対して、日銀はさらにQEを行ったからだ。

しかし、日本経済は苦戦を強いられたままだ。

いわゆる「巣ごもり消費」なるものは増えているようだが、旅行業、宿泊業、飲食業などは軒並み壊滅的な打撃を受けている。

さて、ここで注目したいのは、コロナ禍におけるＱＥの増額である。

２０２０年４月から２０２１年４月にかけて、日銀はマネタリーベースをおよそ１２０兆円増やしている。

つまり、この金額とほぼ同額のＱＥを行ったということだ。

何度も述べているとおり、このお金は「日銀当座預金」が大半だ。

ということは、日銀がＱＥによって増やしたお金は、「日銀当座預金」に入ったまま、ほぼ使われずに眠っているということになる。

使われずに、預金されたままのお金が日本経済に与える影響は、当然ながらゼロだ。

このとんでもなく巨額のお金も、使われなければ、経済をよくすることにはまったく寄与しない。

設備投資や人材投資などのために企業が銀行から借金をすれば経済をよくする方向に寄与するが、いまの経済状況で借金をして設備投資等をする企業はごく限られている。

だとすれば、どうすればいいのか。

誰かがこの分のお金を使えばいい。

誰かとは、誰か。

民間企業が使わないとしたら、残るは政府しかあるまい。

マネタリーベースと現金

もう少しだけ、マクロ経済について述べておきたい。

先ほど、QEとは「マネタリーベース」を増やす目的で行われること、そして「マネタリーベース」とは「日銀当座預金」と流通している貨幣（現金）の合計のことだと説明した。

では、なぜ「日銀当座預金」と流通している貨幣（現金）を合計するのだろうか。
この合計には何の意味があるのだろう。

それは、一言で言うと、「『日銀当座預金』と貨幣（現金）は、究極的には同じものと言えるから」だ。

どういうことか。

一般の銀行（市中銀行）が、何らかの理由で（通常は、預金者が預金を下ろすため）現金が必要になった場合、銀行は「日銀当座預金」を引き出す形で現金を入手する。

日銀は「銀行の銀行」などと言われるが、私たちが市中銀行の口座から現金を引き出すように、市中銀行は日銀の「日銀当座預金」から現金を引き出すことができるのだ。

ここまで理解できると、マネタリーベースとは何か、さらにはＱＥとは何かがわかってくる。

つまり、マネタリーベースとは、市中銀行等がいつでも動かせるお金の合計であり、ＱＥとは市中銀行等がいつでも動かせるお金の量を増やすことなのである。

ここでもう一つ、気付いてほしいことがある。

それは、ＱＥによる国債などの買い取りに財源はないという点だ。

ＱＥによる国債などの買い取りのお金はどこから来たのか。

実はどこからも来ていない。

日銀が発行したのだ。

これが「通貨発行」である。

そう、日銀には「通貨発行権」があるのだ。

だから、現金紙幣には「日本銀行券」と書いてある。

日本銀行が、何もないところから発行したからだ。


ただし、日銀は自分たちの好き勝手に通貨を発行しているわけではない。

ＱＥという形でしか、発行できないのだ。

つまり、日銀による国債などの買い取り（買いオペ、ＱＥ）とは、事実上の通貨発行のことであり、現在の仕組みでは、基本的にそれ以外の方法で通貨を発行することはできないようになっている（売りオペはその逆、つまり通貨の回収を意味する）。

ＱＥについて長々と述べてきたが、まとめると「日本は２０２０年４月からの１年間で約１２０兆円のＱＥを行った」「ＱＥとは、事実上、通貨発行と同義である」ということを理解してもらったうえで、ベーシックインカムの財源について具体的に述べていきたいと思う。

ＱＥを財源に

私が考えるベーシックインカムの具体的な財源とは、まさにＱＥ、すなわち通貨発行である。

先ほども述べたとおり、日銀は２０２０年４月からの１年間で約１２０兆円のＱＥを行っている。

国債の買い取りによるＱＥ以外にも、ＥＴＦ買いなども行っていて、それらを合計すると２０２０年は、約１３０兆円の通貨発行を行っている。

この分のお金を全額ベーシックインカムに回し、国民に配るのである。

QEの目的はマネタリーベースを増やすことだと述べたが、マネタリーベースを増やす目的は通貨供給、すなわち景気刺激だ。

しかし、通貨は「日銀当座預金」に眠ったままで使われなければ、景気に何の影響も与えない。

QEで発行される通貨を「日銀当座預金」に眠らせておくのではなく、国民に直接配って、消費に使ってもらい、確実に景気刺激に役立たせようというのが、私が提案する新たなベーシックインカムだ。

簡単に言うと、市中銀行などの国債を買い取る代わりに、国民に直接、お金を配るということになる。

日本のGDPのおよそ6割は、民間消費である。

この民間の消費を刺激することで、日本のGDPは大きく増える。

デフレ対策と景気刺激のためのＱＥを国民に対して、直接、行うことで、ＧＤＰ上昇（経済政策）とベーシックインカム（福祉政策）を同時に実現できることになるわけだ。

ここで「ベーシックインカムを支給しても、消費に回るとは限らない（貯金や金融投資に使われたら、ＧＤＰ上昇には寄与しない）」という反論があるかもしれない。

もちろん、そのための策もきちんと考えてある。

それについては、次章で詳しく述べていきたいと思う。

第2章

消費を促す「デジタル半減期通貨」

半減期通貨で消費は活性化する

前章では、ベーシックインカムとその財源などについて見てきた。

そして、ベーシックインカムによって、日本のＧＤＰの約６割を占める「民間消費」が刺激され、景気回復、デフレ脱却が見込まれることを示した。

しかし、「ベーシックインカムでお金を支給されても、それが消費に回るとは限らないのではないか」という反論が想定されるので、この章では、それに対する反論も兼ねた私の提案を紹介していきたいと思う。

これは、ある国際会議で紹介するために用意した案なのだが、事前に内容を知った某国が「我が国の経済学者が詳しく検討したいので、国家機密にしたい（国際会議に諮らないでほしい）」と言ってきた。

ただ、すでに骨子の部分については、私が出演しているＭＸテレビの「バラいろダンディ」で話してしまったので、国家機密にはなっていない。

なので、本書で詳細を書いても問題ないだろう。

先に概要を述べるので、まずは大枠での全体像をつかんでほしい。

私が考えているベーシックインカムの方法は、デジタル「半減期通貨」を日銀が発行して、全国民の携帯電話や専用端末に配り（振り込み）、それを消費に使ってもらおうというものだ。

なお、「半減期通貨」については、このあと詳述する。

消費に使ってもらわないと意味がないので、金融商品や「円」を含む他の通貨との交換はできないようにする。

金融商品だけでなく、例えば貴金属や不動産など、資産価値が保存されるような商品の購入はできないようにする。

基本的には、衣食住に関わるもの、生活必需品、ライフライン等の公共料金に使えるようにすればいいと思っているが、細かな決め事は具体的に導入する段になってから、国会等で議論して決めればよい。

要するに、民間消費を促す目的があるため、金融商品や資産価値のある商品などに使うことには制限を掛けようということだ。

さて、先ほど「半減期通貨」という話をした。

聞きなれない言葉だと思うが、内容は簡単で、毎日（あるいは、毎週などでもよい）少しずつ価値（もしくは量そのもの）が減っていって、例えば1年後には価値（もしくは量）が半分になる通貨ということだ。

「半減期」というのは、ある放射性物質がその数（放射線量）を半分にまで減らすのにかかる期間のことだ。

そのイメージを通貨に当てはめ、さらに例えばその半減期を「1年」と決めて、1年後には通貨の価値（もしくは量）が半分に、さらにその1年後にはもとの4分の1に、というように、1年ごとに半減させていくのである。

デジタル通貨で行うため、技術的には特に問題なく、今すぐにでもできる。

その目的は、所有者が「急いで使わないと損をする」と思うようにすることだ。

毎日（あるいは、週単位などでもいいが）、価値（もしくは量）が少しずつ減っていく通貨なので、使うのが早ければ早いほど得をする。

商売などでその半減期通貨をもらった人や組織も、急いで使わないと価値が減ってしまうので、すぐに使おうとする。

そして、使い道は生活必需品などに限られているため、確実に消費に利用されることになる。

こうして、民間消費の額が増え、日本経済の景気を刺激し、デフレは脱却して、GDPも伸びていくというわけだ。

半減期通貨というアイデアは昔からあった

「半減期通貨」という考え方は、人によっては奇異に思えるかもしれない。

しかし、この考え方はドイツ人の経済学者・実業家のシルビオ・ゲゼル（1862－

1930）が自著『自然的経済秩序』（1914年刊）の中で「減価する貨幣」という形で提示している。

ゲゼルは「金利」について考えていく中で、あらゆるものが減価するのに（生鮮食品は腐り、工業製品は古くなるなど）、貨幣（通貨）だけは減価しないために金利が正当化されるのだと指摘した。

ゲゼルは、一部の資産家が金利だけでいい生活をしていることを問題視していた。そこで、貨幣を資産として持ち続けているとその貨幣が定期的に減価するようにすればいいと考えたのだ。

そうなれば、資産家も資産を持ち続けていると損をするので、急いで使おうとするはずだ。

資産家が、貯め込んでいる資産をどんどん使ってくれれば、経済全体が活性化し、庶民たちにもお金が回るようになる。

資産家たちも働くようになるので、経済力はさらに強化されるという理屈だ。

ちなみに、イギリスの経済学者ジョン・メイナード・ケインズは自著『雇用・利子および貨幣の一般理論』の中で、「将来の人々はマルクスの精神よりもゲゼルの精神からより多くのものを学ぶであろうと私は信ずる」と記し、ゲゼルの貨幣理論を高く評価している。

ここで、シルビオ・ゲゼルという人物について、簡単に触れておこう。

なお、ここで紹介するシルビオ・ゲゼルの話は、廣田裕之著『シルビオ・ゲゼル入門』（アルテ・刊）という本を参考にしていることを付け加えておく。

この本には、「減価する貨幣」についても書かれているので、興味のある方は一読されることをおすすめする。

ゲゼルは、ドイツのザンクト・フィット（現在はベルギー領）という小さな町で生まれた。

ベルリンに住んでいた兄の商売を手伝ったのち、スペイン南部で事業を始め、その後、24歳でアルゼンチンへ渡ることになった。

当時のアルゼンチンは経済的に繁栄しており、ビジネスで一旗揚げようと考える人たちが向かう場所でもあった。

またスペインでビジネスをしていたゲゼルにとって、スペイン語が公用語のアルゼンチンは言葉の面でもハードルが低かった。

ところが、ゲゼルが渡ったあとのアルゼンチンは、政府の通貨政策の失敗により、経済が大混乱に陥ってしまう。


当時、アルゼンチンは金本位制を採用していたが、経済発展により景気が過熱し、財（モノ）やサービスの供給能力が高まっていたにもかかわらず、通貨の発行量に制限がかかる状態だった。

つまり、市場にモノやサービスがあふれていたにもかかわらず、通貨不足により、人々の購買力に限界が生じ、いわゆる「デフレ不況」に陥ってしまったのである。

政府はあわてて、金本位制を停止し、「不換紙幣」を発行することにしたのだが、あまりにも拙速に、大量の紙幣を発行してしまったため、今度は一気にインフレになってしまったのである。

アルゼンチンの人々は短期間に激しく上下する物価に翻弄されることになった。デフレ時に蓄財に励んでいた人々は、急激なインフレによって、蓄財の価値を大幅に減らすことになった。

一方、一般消費者たちは、これまた急激な物価上昇により、多額の支出を強いられ、経済的に困窮していった。

ところがゲゼルは、金本位制や通貨発行とインフレ・デフレの関係を理解していたため、事前に物価が上下することを予測でき、多くの人々が財産を失っていく中、着実にビジネスを運営していくことができた。

自身は比較的安定した生活を送ることができた一方、町には政府の失政によって困窮する人たちがあふれている。

その様子を見たゲゼルは、経済に関する本の執筆を始めることになる。

目の前で展開された現実を観察し、自身のもつ経済知識と照らし合わせて、「通貨もパンや牛乳など、他の商品と同じように、少しずつ価値が減っていくようにすればいい」という結論に達し、その内容と実践法を本にしたのである。

そして、ゲゼルは経済の研究によって社会を変え、一般の人びとの生活をよくしようと決意し、事業を弟に託して、自身はヨーロッパに戻ることにした。

ゲゼルはスイスの農場を経営しながら、経済の研究に没頭することになる。

雑誌や書籍などで、自身の経済に関する考え方を少しずつ発表していくことで、世の中にも知られるようになっていく。

第一次大戦後、ドイツ南東部のバイエルン王国は国王ルードヴィッヒ三世が退位し、「バイエルン自由国」が成立するが、翌年、首相のアイスナーという人物が暗殺されると、ロシア革命の影響を受けた勢力が「バイエルン・ソビエト共和国」という政府を樹立する。

なんとゲゼルは、この「バイエルン・ソビエト共和国」政府に金融担当大臣として入閣することになった。

ゲゼルは、自身の考えていた経済政策、特に「減価する貨幣」の実現に意欲を見せたが、この政府は別の共産主義勢力によって、たった一週間ほどで崩壊してしまう。

ゲゼルは国家反逆罪に問われ、なんとか無罪を勝ち取るものの、その後はあまり目立った活動ができなくなり、ひっそりと余生を送ったと言われている。

さて、ゲゼルが導入しようとしていた「減価する貨幣」だが、具体的にはどのように運用しようとしていたのだろうか。

簡単に言うと、一週間に一度、決められた曜日ごとに紙幣の裏に有料の「スタンプ」を貼り付けないとそのお金を使用できないようにするという方法だった。

「スタンプ」と書くとはんこを捺すのかと思うかもしれないが、そうではなく、「切手」あるいは「印紙」を貼るというイメージが最も近い。

お金の裏側に所有者が印紙を貼らないと使えない通貨にするということだ。

お金の所有者が、自身で購入した印紙をお金に貼って使うので、事実上、そのお金は印紙の分だけ価値が減じたことになる（受け取った人は、その額面どおりの金額で使うことができる）。

決められた曜日に印紙を貼るので、お金の所有者はその曜日までにお金を使おうとする。

それによって消費が活性化し、景気がよくなると同時に、働かずに金利だけで生活することが難しくなるというわけだ。

なお、印紙代の収入は国庫に入るので、まさに「印紙税」と同じからくりと言える。ゲゼルの構想では、お札の裏には一年分の印紙貼付欄があり、一年経ったらすべての紙幣を新札に換えて、新たに印紙を貼り始めるようにするという。

かなり原始的な方法であり、実際に行われたらいろいろと不都合なことも出てきたかもしれないが、「減価する通貨」という発想自体は、私の提案と共通するところがある。

苫米地式「半減期通貨」のしくみ

シルビオ・ゲゼルが考えた「減価する通貨」を理解してもらったところで、本題の苫米地式「半減期通貨」によるベーシックインカムについての説明をしていこう。

概念についてはすでに述べたように、「1年で半減する通貨」を日銀が発行して、ベーシックインカムとして政府が全国民平等に配るというものだ。

実際の運用では、価値が減じる周期は「日」でも「週」でもいいと思うが、仮に毎日少しずつ価値（量）が減じていって、1年後に半減するとしたら、毎日、「2の365乗根」ずつ、減少（閏年は「2の366乗根ずつ」）していくことになる。

前に「半減期通貨」について、大枠の概念として「毎日（あるいは、毎週などでもよい）少しずつ価値（もしくは量そのもの）が減っていって、例えば1年後には価値（もしくは量）が半分になる通貨」と、ややまぎらわしい表現で説明した。

実際に運用する際には、「価値」の半減ではなく、「量」の半減にすべきと考えている。使う側にとっては、あまり違いはないのだが、「量が減る」という考え方にすることで、「減った分のお金はどこへ行くのか」という発想が生まれる。

これについては、このあと、さらには第3章で詳述するので、頭の片隅に置いておいてもらいたい。

さて、毎日、「2の365乗根」ずつ、お金の量が減少していくというのは、具体的にはどういうことなのだろうか。

表を見てもらうとわかるとおり、仮にこの「半減期通貨」を「1円」手にしたら（実際にはデジタルデータなので、「手にする」は物理的に手に入れることではなく、比喩的表現である）、翌日には「0・99810円」、翌々日には「0・99621円」に減ってしまう。

表は元が「1円」だが、例えば1万倍して「1万円」を手にしたとすると、翌日には「9981円」、翌々日には「9962円」に減って、1カ月後には「9428円」、6カ月後には「7091円」になり、1年後には

半減期通貨の経過日数と残存量

経過日数	残存量	経過日数	残存量
0日目	1.00000	0日目	1.00000
1日目	0.99810	1ヵ月後	0.94283
2日目	0.99621	2ヵ月後	0.89401
3日目	0.99432	3ヵ月後	0.84289
4日目	0.99243	4ヵ月後	0.79622
5日目	0.99055	5ヵ月後	0.75070
6日目	0.98867	6ヵ月後	0.70912
7日目	0.98679	7ヵ月後	0.66858
8日目	0.98492	8ヵ月後	0.63036
9日目	0.98305	9ヵ月後	0.59545
10日目	0.98119	10ヵ月後	0.56141
11日目	0.97933	11ヵ月後	0.53032
12日目	0.97747	12ヵ月後	0.50000

「5000円」になってしまうというわけだ（1円未満は切り捨て）。

この「半減期通貨」を手にした人は、使わないとお金がどんどん減ってしまうので、急いで使おうとするだろう。

それによって、消費は拡大し、GDPも増え、景気も回復、デフレ脱却も実現することができる。

シルビオ・ゲゼルは紙幣の裏に印紙を貼るという、かなりアナログ的な方法で貨幣の価値を減じようと考えたが、現代の我々はそうしたアナログ的手法を用いなくても、デジタル技術によって、簡単に通貨の量を減少させることができる。

実際、私が1990年代に発明した、初期の暗号通貨「ベチユニット」などを少し応用するだけで簡単にできるし、実際、「いますぐに実用化せよ」と言われたとしても、実現可能なものである。

もしイメージしづらければ、例えばビットコインのような一般的な暗号通貨を思い浮かべてもらってもいい。

いつ発行されたのか、どこで誰が使ったのかなどの情報がすべてブロックチェーン技術などを利用して明らかになるので、毎日、「2の365乗根」ずつ、減らしていくことも簡単だし、万が一、不正な利用を試みた人がいたとしても、その不正もブロックチェーンに記録されるので、少なくとも後から検証することが可能である。

後から検証して不正が見つかれば、重い罰を与えるようにしておけばいい。

この「半減期通貨」を、例えば毎月20万円分ずつ（あるいは、毎週5万円ずつなどでもよい）、国民全員の電子マネー・ウォレットに配る。

ウォレットは、スマートフォンのアプリの形でもいいし、スマートフォンを持っていない人には、政府が専用端末を無償で配ればいい。

専用端末は1台数千円程度でつくれるはずなので、スマートフォンの普及率を考えても、それほど莫大な費用とはならない。

そして、前にも述べたが、消費として使ってもらうことが目的の通貨なので、円やドルといった法定通貨や有価証券、貴金属といった「蓄財」のための商品との交換は禁止する。具体的に何が購入可能で、何が不可なのかは、国会で議論して決めればいい。基本的には蓄財できない消耗品、食料品、生活必需品、衣料、ライフラインの公共料金（電気代、ガス代、水道代など）、賃貸住宅の家賃等、あるいは旅行やテーマパークなどのサービスにも利用できるようにする。

ベーシックインカムとして受け取った翌日から（運用によっては翌週などから）、ウォレット内の残高が減り始め、1年後には半分、2年後には元の4分の1になる。

半減期通貨を受け取った人や組織は、その通貨を手にした額面のまま使うことができるが、使わずにいると最初に受け取った人と同様に通貨が減り始めるので、急いで使うことになる。

減ったお金はどこへ行くのか？

先ほど「頭の隅に置いておいてほしい」と言った「減った半減期通貨はどこへ行くのか」

という話をしていこう。

ここが「半減期通貨」の大きなポイントの一つになる。

国民のウォレットから減少した「半減期通貨」は、技術的には単純に消滅させることもできるのだが、ただ消滅させるのではなく、中央銀行（日銀）に自動送金される形を取るようにする。

それを「国庫納付金」なりの形で、国庫に納めるようにするのだ。

すると、ウォレットから1年で（ベーシックインカムとして配った金額の）半分が、2年では初年度の金額の4分の3が中央銀行に回収され、国庫に納められることになる。

実際には、2年目もベーシックインカムを配り続けるので、回収される金額の合計はさらに大きくなる。

この「回収される」というお金の動きは、事実上、「税金を支払う」ことと似ている。

国民は政府にお金を配ってもらえるのだが、急いで使わないと、その一部を（事実上）税金として取られてしまうことになる。

いま私たちは、消費をするときに「消費税」という税金を支払っている。

これは、消費に対する罰金のようなものだ。

「半減期通貨」の回収は、この「消費税」とはまったく逆の発想と言える。

消費をするときに支払う消費税とは逆に、「消費をしないこと」に対する税金と言えるのだ。

消費税率を上げると、日本経済全体で見たときの「消費」の額が減ることは、すでに現実が証明している。

それは、消費税が消費に対する罰金を意味するからだ。

対して、「半減期通貨」によるベーシックインカムを導入すると、「消費しないことへの罰金」が生じることになるので、否が応でも消費は活性化する。

しかも、この「消費をしないことへの罰金」は、事実上、税金と等しいので、国庫も潤うことになる。

消費税は消費者が消費をしないと国庫に入らない（しかも、消費税自体が消費を鈍らせるという矛盾をはらんでいる）が、「半減期通貨」の回収は自動的に行われるので、国民の経済活動や景気の動向に左右されることもない。

財務省が大好きな「安定財源」となりうるはずである。

さらに、ちょっとずるいかもしれないが、国庫に入った「半減期通貨」に限り、減じるのをやめて、その分の量（価値）が保存されるようにすると、国はその分のお金を必要なときに必要なだけ使えるようになる。

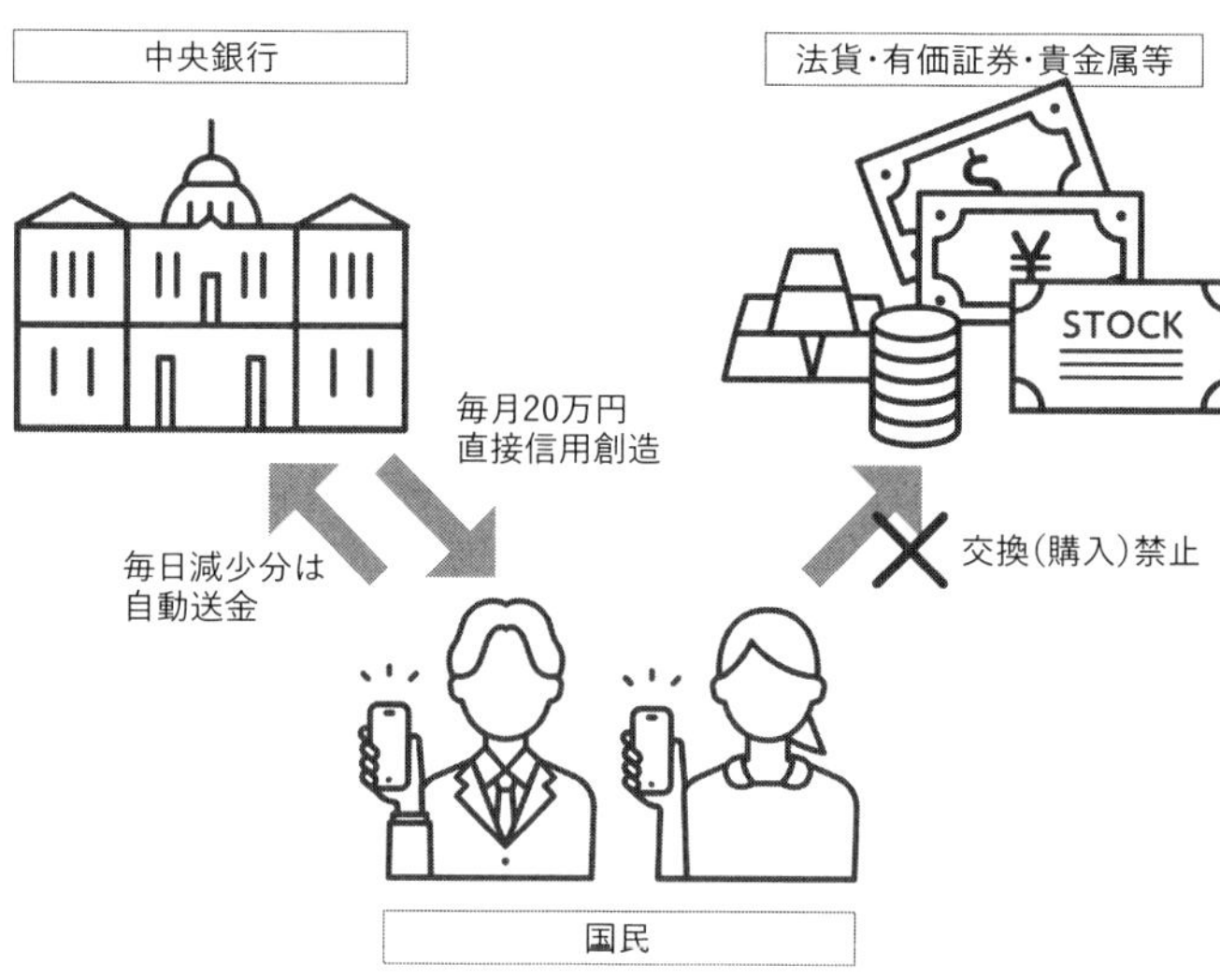

「半減期通貨」によるベーシックインカムが実際に行われた場合、どのくらいの金額がどのように動くことになるのかを考えてみよう。

まず、日本の人口1億2500万人に対して、国民一人あたり月額20万円をベーシックインカムとして毎月配るとすると、年間300兆円が必要になる。

この財源には、前にも述べたように、QEとして日銀が信用創造（通貨発行）している分をそのまま利用する。

金融緩和のお金が向かう先を、国債の買い取りではなく、ベーシックインカムの支給にするわけだ。

「前にQEで信用創造（通貨発行）されるお金は年間130兆円程度と言っていたが、300兆円には全然足りないではないか」と思うかもしれないが、それは問題ない。

なにしろ、1年で半分のお金が戻ってくるのである。

「それでも150兆円だから、まだ足りない」と思うかもしれないが、2年目以降はさらにそれ以上のお金が戻ってくるので、問題ない。

よく考えてほしいのだが、長いスパンで見れば、ほぼすべての「半減期通貨」が日銀によって回収され、国庫に納付されることになるのである。

そもそも論になるが、前に「QEに財源はいらない（通貨発行すればいい）」と述べたとおり、中央銀行（日銀）は通貨を信用創造できる（通貨発行権がある）わけで、そこには「財源」などという発想ははなから必要ない。

制度上、政府には一応、財源がいるので、中央銀行が回収した「半減期通貨」を「半減」させない状態にして、国庫に納付するという形を取るだけの話なのだ。

ダイアスポラの通貨

「ダイアスポラ（Diaspora）」をご存じだろうか。

「ディアスポラ」などと言われることもあるが、国家や地域といったものの枠を超えてつながるコミュニティのことを指す。

例えば、アフリカの人たちは第二次大戦後にヨーロッパ諸国によって線引きされた「国家」という枠組みよりも、もともとつながっていた人や部族集団との関係性の方に、よりリアルなつながりを感じていることも多いし、実際に国家の枠を超えた交流をしていることも多い。

実際、彼らは「アフリカン・ダイアスポラ」というコミュニティを持っている。アフリカには、「アフリカ連合」があるが、彼らも「アフリカン・ダイアスポラ」を事実上の国家として認めており、主にヨーロッパに散在するアフリカ文化遺産のアフリカへの返却は、アフリカン・ダイアスポラに外交を任せているほどだ。

また、アフリカには現在も150以上の首長が存在するが、彼らは、「アフリカ連合は植民地時代にできた国家の連合であり、アフリカン・ダイアスポラこそがアフリカの代表である」とみなしている。

他にわかりやすい例としては、世界各地に散らばるユダヤ人コミュニティや華僑の人たちのコミュニティ（チャイニーズ・ダイアスポラ）、あるいはチベットの人たちのコミュニティ（チベタン・ダイアスポラ）など、世界には多くのダイアスポラが存在する。

世界の日系人のコミュニティも「ジャパニーズ・ダイアスポラ」などと呼ばれることが

ある。

現在、3つのダイアスポラで、そのダイアスポラ内で流通可能な共通通貨として、デジタル半減期通貨の導入を検討している。

また、本書では内容は割愛するが、別途、私が設計した未採掘自然資源のバスケットを最低額担保としたNFT（Non-Fungible Token：非代替性トークン）型デジタル通貨の採用が検討されており、これに地域や用途により異なる半減期をつけることでの採用も検討されている。

NFT型デジタル通貨の市場価格が、予め決められた価格を下回った場合のみ資源が採掘される仕組みで、健全な経済運営が継続して、為替が維持されれば、地下資源を採掘しなくてもいいので、サスティナブルな安定通貨の発行方法として、この3カ国（3つのダイアスポラ）以外の複数の国からも問い合わせがある。

日本、ひいては世界中でデジタル半減期通貨が導入されることを望んでいるが、各国の政治家も官僚もおそらくすぐには動かないかもしれない。

まずは、私との関わりが深いダイアスポラで導入し、成功事例として世界に示すのが、普及への近道だと考えている。

第3章

無税国家・日本への道

半減期通貨が無税国家を実現する

前章までの説明で、半減期通貨（デジタル半減期通貨）によるベーシックインカムの仕組みや導入によって得られる国民の恩恵などについて理解してもらえたと思う。

しかし、このデジタル半減期通貨によるベーシックインカムで国民が得られる恩恵は、これだけに留まらない。

私は、国家レベルでさらに大きな意味があると考えている。

それは「無税国家・日本」が誕生するということだ。

おそらく多くの人は、にわかには信じられないだろうし、「そんなバカな」と思うのも当然の反応だと思う。

前章で説明した部分の繰り返しからになるが、重要なので、ここで再度、確認しながら、解説していこう。

何度も述べてきたとおり、デジタル半減期通貨によるベーシックインカムは、1年間でその額面が半減するようになっている。

毎日でも、週ごとでもいいが、使わないと額が減っていく。

重要な点は、その減った分のお金がどこへ行くのかということだ。

これも前章で説明したように、中央銀行に自動送金される。

そして、国庫納付金なりの形で、政府（国庫）に納めるようにする。

戻った半減期通貨は（ちょっとずるいが）、中央銀行に戻った時点で半減しなくなるようにしたうえで、政府（国庫）に納めるようにするとどうなるか。

もはや税金と同じなので、一般会計予算の歳入として組み込むことが可能になる。

あとは、現在と同じように具体的な予算を組んで、そのとおりに政府支出（歳出）していけばいい。


仕組みとしては、これだけである。

あまりにあっけないので驚いたかもしれないが、これですべてである。

もちろん、社会実装していく上で細かい微調整が発生するかもしれない。

それは、適宜、調整していけばいい。

想定される懸念への反論

ちなみに、日本の税収は２０２０（令和２）年度が過去最高で、60・８兆円である。

そして、これまで述べてきたとおり、デジタル半減期通貨によるベーシックインカム発行額を３００兆円と仮定すると、１年後に国庫に戻るのは１５０兆円。

いきなり、過去最高税収の倍以上の金額になる。

しかも、２年目からは1年目の１５０兆円からの歳入と、新たに発行したデジタル半減期通貨によるベーシックインカムからの歳入が足されるので、さらに大きな金額になる。

日本の国家予算は、２０２１年度の一般会計予算が１０６・６兆円。

あっという間に、プライマリーバランス（基礎的財政収支）黒字化達成である。

つまり、もうこれ以上、政府は国民から税金を取る必要がなくなるのだ。

かくして、無税国家・日本の誕生である。

「無税」と謳ったが、実は事実上、デジタル半減期通貨から強制的に日々、徴税しているると解釈することもできる。

例えば「円の信認は国家による徴税権も大きいはずだ」というように、国が徴税しなくなることで起こる弊害を訴える人もいるだろう。

しかし、事実上、デジタル半減期通貨から徴税していることになるので、円の信認が失われることはあるまい。

「デジタル半減期通貨を大量に発行することによる、円の信認の低下」を心配する人もいるかもしれない。

確かに、通貨発行の増加によって、多少、円安方向に振れる可能性はある。

しかし、そうなればむしろ、日本の輸出企業にとっては大きな追い風になる。

トヨタ自動車などは、おそらくとんでもない収益をあげることになるはずだ。

それによって、日本経済全体が押し上げられるので、内需も拡大していくことだろう。

輸入品の価格が（エネルギー価格なども）上がることは想定されるが、そのマイナスを補って余りある好影響がもたらされるに違いない。

「通貨発行増は、景気の過熱化、過度なインフレ、バブルの再来などを招くのではないか」と考える人もいるだろう。

まず、現状の日本経済の低迷を考えれば、景気の過熱化はある程度までは、むしろウエルカムではないだろうか。

本当に悪影響が出るような景気の過熱化が起こりそうになったら、例えばデジタル半減期通貨の半減期周期を短くして、通貨の回収を早めるとか、政府が支出自体を減らして、景気を抑制するとか、もっと思い切ったことが必要なら、期間限定でデジタルではない通常の通貨からの徴税を「一時復活」させるなど、打つ手はいくらでもある（この場合、期間限定で無税国家ではなくなるが）。

金融政策で金利を上げるのも効果があるだろう。

では、インフレ対策はどうか。

これも、景気の過熱化対策と同じだ。

ただし、そもそも論として、私は過度なインフレは起こらないと考えている。

デジタル半減期通貨は、現実の「モノ（財やサービス）」の消費にしか使えず、ＧＤＰ向上に寄与する。

コロナ禍初期におけるマスクや消毒用アルコール価格の高騰でもわかるように、価格の高騰は高需要・低供給のときに起こる。

そのため、ベーシックインカム導入当初の一定期間には、需要の高まりによって価格が高騰する商品も出てくるかもしれない（例えば、コロナ後であれば、旅行代金などは値上がりするかもしれない）。

だが、「需要が高まる」とわかれば、企業もそこへの供給能力を高めるはずだ（供給すれば儲かるので）。

参入企業も増えるので、価格競争も激化するだろう。

これもマスクや消毒用アルコールでわかるように、しばらくすると供給が増え、価格競争も起こり、価格は安定する。

つまり、個別の商品での多少の価格変動はあるとしても、国家経済全体として見たときのインフレ率は、それほど大きく変動することはないだろうと考えられる。

1970年代のオイルショックのような、劇的な出来事でも起こらない限り（つまり、ベーシックインカム程度では）、過度なインフレは簡単には起こりえない。

緩やかなインフレは起こるかもしれないが、政府が「インフレ目標2％」を掲げている（しかも、まったく達成できていない）ことを考えても、むしろ歓迎すべきものと言っていい。

では、「バブル再来」はどうか。

バブルとは、金融商品や土地など、GDPに寄与しないものへの投資（投機）が過熱し、それらの資産価格が高騰する現象のことだ。

デジタル半減期通貨によるベーシックインカムでは、そもそもこうした商品の購入を禁じるようにする。

食料品や生活必需品、ライフラインの料金、あるいは旅行などの「サービス」への消費などにのみ使用できるようにするので、バブルの原因にはなり得ない。

ただ、それまで買っていたものをベーシックインカムで買えるようになった結果、通常の通貨に余剰が生まれて、そのお金が投機に流れる可能性はあるかもしれない。

その結果、金融商品や土地の価格が上昇する可能性は否定しない。

それでも「バブル」と呼べるほどの、過度な価格上昇にまではならないだろう。

どうしても「バブル」になりそうな危険な水域になりそうなら、ここでも「一時的に」無税国家を停止して、金融商品や土地取引への課税を強化する方法もあろう。

また、金融政策としての金利引き上げも効果があるだろう。

そもそも、すでにQEで発行している額を国民の手に渡すだけだという基本に立ち返れば、「通貨発行増によるインフレ」という懸念はそれほど大きくはないと考えられる。

「無税国家」は「財政ファイナンス」なのか？

「中央銀行が通貨を発行して国民に配り、そこから徴税して国庫に納める」と説明すると、

「それは事実上の『財政ファイナンス』ではないか」と批判する人が出てくるかもしれない。

「財政ファイナンス」とは、政府が発行した国債を中央銀行が直接買い取ることを意味する。

中央銀行による国債の直接買い取りは、財政法第5条で禁じられている行為だ。

財政法（抜粋）
第四条　国の歳出は、公債又は借入金以外の歳入を以て、その財源としなければならない。但し、公共事業費、出資金及び貸付金の財源については、国会の議決を経た金額の範囲内で、公債を発行し又は借入金をなすことができる。
② 前項但書の規定により公債を発行し又は借入金をなす場合においては、その償還の計画を国会に提出しなければならない。
③ 第一項に規定する公共事業費の範囲については、毎会計年度、国会の議決を経なければならない。

第五条　すべて、公債の発行については、日本銀行にこれを引き受けさせ、又、借入金の借入については、日本銀行からこれを借り入れてはならない。但し、特別の事由がある場合において、国会の議決を経た金額の範囲内では、この限りでない。

「これを許すと政府は無尽蔵にお金を使ってしまうから」というのが基本的な理由だが、戦後、財政法制定に関わった平井平治という大蔵官僚は国会答弁で、「戦争危険の防止については、戦争と公債がいかに密接不離の関係にあるかは、各国の歴史をひもとくまでもなく、わが国の歴史をみても公債なくして戦争の計画遂行の不可能であったことを考察すれば明らかである（中略）公債のないところに戦争はないと断言しうるのである、従って、本条（財政法第4条＝国債発行自体の禁止）はまた憲法の戦争放棄の規定を裏書き保証せんとするものであるともいいうる」と述べている。

つまり「政府に容易に戦費調達させないようにするために、政府の国債発行を禁じる法律を作った」という意味だろう。

財政法第4条は国債発行自体を禁じてはいるが、実際の条文を読むとわかるように、例外を設けて、事実上、国債の発行を認めている。

そのため、第5条で「しょうがない場合には国債発行も認めるが、日銀が直接買い取るのはなしにしよう」ということにしたわけだ（それでも、例外を設けているので、絶対にできないというわけではない）。

大きな痛手を被った先の大戦直後の人たちの気持ちはわかるが、「政府にお金を持たせなければ、戦費調達ができないので、戦争を起こすこともないだろう」という発想は、現在の国際状況においてもあてはまるのだろうか。

ここは議論の余地があろう。

また、この規定によって「戦争は起きないかもしれないが、国民の生活は苦しくなる」のであれば、本末転倒であろう。

さて、財政法の規定については、今後の議論に任せるとして、デジタル半減期通貨によるベーシックインカムが「財政ファイナンス」にあたるのかどうかという問題の検証に戻ろう。

批判する人は、「中央銀行が通貨（デジタル半減期通貨）を発行して、国民に配り、そこから税のように徴収して、国庫に納付して一般会計に組み込むということは、中央銀行に国債を買い取らせて政府支出をするという構図と、結局は変わらないのではないか」と考えているようだ。

「直接、買い取っているわけではないが、国民を使ってお金の迂回ルートを作り、中央銀行が発行した通貨を政府に渡しているようなものだ」と考えるのだろう。

そう考える人には「だったら、ＱＥ（量的緩和政策）も、事実上、『財政ファイナンス』ではないのか」と尋ねたい。

「ＱＥも事実上、『財政ファイナンス』だ」と言うのであれば、量的緩和政策そのものを批判していただきたい。

だが、多くは「いや、ＱＥは市場で国債を購入しているので、『財政ファイナンス』ではない」と答えるに違いない。

しかし、いわゆるアベノミクス以降の、黒田東彦日銀総裁による異次元の量的緩和政策は、「市場で買い取る」というレベルをはるかに超えている。

まさに「異次元に」国債を買い取っている（ただし、お金は日銀当座預金に眠らせている）。

これこそ、「直接、買い取っているわけではないが、市場を使ってお金の迂回ルートを作り、中央銀行が発行した通貨を政府に渡しているようなもの」ではないのだろうか。

そう考えていくと、そもそも「財政ファイナンス」なるものの、何が問題なのかという話になる。

財政法制定当時の考え方のように、戦争をさせないためだけにあるのではないだろうか。だとすれば、もはや戦争をしない日本にとっては無意味であるだけでなく、国民のためになる政策を行う際の「足枷」とも言えないだろうか。

そう考えれば、「財政ファイナンス」に近い方法だからといって、国民のためになる政策をやらない理由にはなるまい。

ベーシックインカムと無税国家で経済大国日本が復活する

すでに見てきたように、以前は「ベーシックインカムは勤労意欲を失わせる」と考える人が多かった。

そうした主張のとおりに、もし多くの人の勤労意欲を低下させてしまうと、経済全体の生産力をも低下させることになりかねない。

いかにお金があっても、生産力が低くなってしまったら、経済そのものが弱くなってしまう。

だが、デジタル半減期通貨によるベーシックインカムと無税国家実現がセットになることで、私はむしろ勤労意欲は高まっていく可能性が高いと考えている。

なぜか。

無税国家が実現すれば、累進課税もなくなることになる。

そうなれば、これまで「どうせたくさん稼いでも、ほとんど税金で持っていかれてしまう」と思っていた高所得者層も、「稼げば稼いだだけ、手取りが増えていく」ということになる。

当然、勤労意欲はこれまで以上に高まっていくに違いない。

これも第1章で述べたとおり、ベーシックインカムに関する社会実験では勤労意欲向上の傾向までは見られなかったのだが、無税国家になればむしろ、勤労意欲が高まり、生産力は高まる方向に向かう可能性が高いと言える。

デジタル半減期通貨によるベーシックインカムと、その導入による無税国家の実現によって、経済大国日本の復活も夢ではない。

私は三菱地所勤務時代、財務担当者としてアメリカのロックフェラー・センターの買収と買収後しばらくの経営に関わったが、その頃のような強い日本経済復活も見えてくると思っている。

日本の政治家、政策担当者の方々の多くが、この仕組みを理解し、導入に向けて前向きに検討してくださることを願っている。

【著者紹介】

苫米地英人（とまべち・ひでと）

認知科学者（計算言語学・認知心理学・機能脳科学・離散数理科学・分析哲学）。カーネギーメロン大学博士（Ph.D.）、同CyLab フェロー、ジョージメイソン大学C4I&サイバー研究所研究教授、早稲田大学研究院客員教授、公益社団法人日本ジャーナリスト協会代表理事、コグニティブリサーチラボ株式会社CEO 兼基礎研究所長。マサチューセッツ大学を経て上智大学外国語学部英語学科卒業後、三菱地所へ入社、財務担当者としてロックフェラーセンター買収等を経験、三菱地所在籍のままフルブライト全額給付特待生としてイエール大学大学院計算機科学博士課程に留学、人工知能の父と呼ばれるロジャー・シャンクに学ぶ。同認知科学研究所、同人工知能研究所を経て、コンピュータ科学と人工知能の世界最高峰カーネギーメロン大学大学院博士課程に転入。計算機科学部機械翻訳研究所（現Language Technology Institute）等に在籍し、人工知能、自然言語処理、ニューラルネットワーク等を研究、全米で4人目、日本人として初の計算言語学の博士号を取得。帰国後、徳島大学助教授、ジャストシステム基礎研究所所長、同ピッツバーグ研究所取締役、通商産業省情報処理振興審議会専門委員などを歴任。また、晩年のルータイスの右腕として活動、ルータイスの指示により米国認知科学の研究成果を盛り込んだ最新の能力開発プログラム「TPIE」、「PX2」、「TICE」コーチングなどの開発を担当。その後、全世界での普及にルータイスと共に活動。現在もルータイスの遺言によりコーチング普及後継者として全世界で活動中。サヴォイア王家諸騎士団日本代表、聖マウリツィオ・ラザロ騎士団大十字騎士。近年では、サヴォイア王家によるジュニアナイト養成コーチングプログラムも開発。日本でも完全無償のボランティアプログラムとしてPX2と並行して普及活動中。

デジタル・ベーシックインカムで
日本は無税国家になる!

2021年12月16日　初版第1刷発行

著　　者　苫米地英人

発 行 者　揖斐 憲

発 行 所　株式会社 サイゾー

〒150-0043　東京都渋谷区道玄坂1-19-2-3F

電話 03-5784-0790（代表）

印刷・製本　株式会社シナノパブリッシングプレス

ISBN 978-4-86625-150-9